Stéphane Plaza

NET VENDEUR !

Abécédaire humoristique de l'immobilier

Direction éditoriale pour le cherche midi éditeur :
Smahane El Bandki et Véronique Lefebvre
Direction éditoriale pour M6 éditions :
Stéphanie Pelleray et Laetitia Therm
Coordination éditoriale : Alix de Sanderval
Collaboration éditoriale et rédactionnelle : Adrien Alleaume
Conception graphique : Corinne Liger-Marie
Illustrations : Antesse
Mise en page : Léon Ayes

Vous pouvez consulter notre catalogue général
et l'annonce de nos prochaines parutions sur notre site :
www.cherche-midi.com

Stéphane
Plaza

NET VENDEUR !

Abécédaire humoristique de l'immobilier

M6 ÉDITIONS
cherche midi

À maman

Nous avons commencé par habiter 9 mois ensemble... Mais il a bien fallu se séparer. Je l'ai tant regretté que je suis resté avec toi jusqu'à mes 30 ans. Il y a quelques mois, il a fallu encore nous séparer. Je te laisse choisir l'appartement. Quand l'heure viendra nous ne serons plus jamais séparés.

Stéphane Plaza
par Stéphane

Pour qui voudrait faire l'expérience au jour le jour de la comédie humaine, l'immobilier est une formidable opportunité. Chaque recherche que l'on me confie est une nouvelle rencontre, une nouvelle histoire à vivre, un nouveau challenge à relever. En tant qu'agent immobilier ou animateur pour M6 à travers « Recherche maison ou appartement », « Maison à vendre » ou « Chasseurs d'appart », j'ai croisé des milliers de profils de personnes. Et dans de nombreux cas, beaucoup de personnalités, de répliques ou de situations comiques qui méritaient de vous être dévoilées. Me voici exaucé avec un petit florilège d'anecdotes et de gags, pour la plupart non diffusés, ou vécus en dehors des caméras. Il est dédié aux nombreux « prétendants » à l'immobilier et à tous ces agents, femmes et hommes de l'ombre, qui chaque jour font un travail de fourmis bien méritant pour les satisfaire ! Juste pour en rire et non se moquer. D'ailleurs, vous constaterez au fil des pages que je n'hésite pas quand il s'agit de me tailler mon propre costard. J'assume et m'amuse des énormités que je suis capable de dire ou des gaffes que j'orchestre bien malgré moi. Mais vous verrez, les acquéreurs, les vendeurs, clients ou autres agents immobiliers ne sont pas en reste ! Ce monde est peuplé d'individus hauts en couleur et mémorables… Merci à eux ! À présent, laissez-vous porter par cet abécédaire humoristique composé des mots formant l'ADN de l'immobilier. À chacun d'entre eux, son lot de saynètes où, l'improvisation aidant, la boulette n'est jamais bien loin. À ce jeu-là, croyez-moi, dans le grand théâtre de l'immobilier, la comédie a encore de beaux jours devant elle ! Et l'humour nous sauve de toutes les situations, des plus désespérées aux plus grotesques !

A

*« Il ne faut qu'un œil au vendeur,
il en faut cent à l'acheteur. »*

Proverbe néerlandais

ACHETEUR

L'acheteur, aujourd'hui plus que jamais, est devenu exigeant. Il mise sur le « gros lot », le coup de cœur absolu, l'affaire du siècle… Et bon courage à Stéphane Plaza et ses équipes ! Le moindre défaut est prétexte à prendre la tangente. L'acheteur n'a pas de profil type. Il est multiple, contradictoire, parfois déroutant, voire farfelu, mais toujours riche de mille et une histoires.

PLAZA
VENDU
VENDU
VENDU
VENDU

PROFILS D'ACHETEURS RENCONTRÉS PAR STÉPHANE…

L'UTOPISTE

« Je ne suis pas compliqué… Je voudrais un grand loft pas trop cher, très moderne, avec le cachet de l'ancien, dans un endroit calme mais en centre-ville. Ah, j'oubliais : la terrasse serait un plus ! »

LE TROGLODYTE

« Cet appartement est trop lumineux. Mon rêve, ce serait un caveau avec des voûtes et de la belle pierre. »

LE FILOU EN CONFIDENCE

« Vous avez de la chance, Stéphane, c'est la première fois que je passe par une agence pour acheter. D'habitude, j'envoie ma mère en éclaireur et je conclus directement avec le vendeur en doublant l'agent immobilier. »

LE COMPRÉHENSIF

« Avec toutes nos exigences, on n'aimerait vraiment pas être à votre place, monsieur Plaza. »

LE PRIMO-ACCÉDANT HÉSITANT

« Une cinquième visite, ce serait possible ? Faut que je fasse le point. »

LE ROMANTIQUE

L'IMPULSIF

L'OPPORTUNISTE

« Monsieur Plaza, vous croyez que ce serait jouable d'acheter quatre box de parking pour en faire des meublés ? »

LE BRICOLEUR DÉÇU

Après la visite d'une maison sans aucuns travaux à réaliser :
« Cette maison est vraiment trop bien pour moi,
il n'y a rien à faire ! »

LA RECONNAISSANTE

« J'peux vous embrasser, Stéphane ?
Même mon copain est d'accord ! »
Stéphane se retrouvant agrippé par la cliente ravie :
« S'il ne participe pas, ça me va ! »

L'INSATISFAIT REPENTI

Un acheteur se décidant enfin, à la vue
d'un appartement remplissant la plupart de ses critères :
« J'ai eu tort de croire qu'il y a toujours
mieux ailleurs. Je m'en suis rendu compte
à mon troisième divorce. »

ÉTERNELS INDÉCIS, NOTEZ BIEN CE PROVERBE

« La vache se rend compte de l'importance de sa queue seulement quand elle l'a perdue. »

NORME SÉCURITÉ PLAZA

Acheteurs, en cas de signature en présence de Stéphane Plaza, le port de casque et de lunettes de protection est obligatoire. Lorsqu'il parvient à vous combler, l'agent entre en effet dans une excitation comparable, selon ses propres termes, « à une puce avant une exposition canine ». En sachant que le Plaza est habile comme un chien avec sa queue, entre ses mains la bouteille de champagne devient bazooka. L'œil aux aguets, vous voilà informés, les bouchons vous éviterez.

AGENT IMMOBILIER

Sur le podium des métiers critiqués, nul doute que l'agent immobilier figure en bonne place. Mais c'est sans compter les milliers d'agents honnêtes et passionnés, fleurant les bonnes affaires pour des clients en mal de nid douillet. Stéphane Plaza, devenu la mascotte du métier, sait lui donner ses lettres de noblesse. Lui et ses équipes prouvent qu'on peut aimer et bien faire son travail. À la différence de « redoutables » incompétents qui ne font jamais carrière bien longtemps! Florilège d'anecdotes entendues par Stéphane.

CONTRE-EXEMPLES D'UN BON AGENT : QUAND LES MAUVAIS FONT RIRE JAUNE !

À L'ÉCOUTE IL SERA

Un agent en visite avec un acquéreur rouquin à peau claire :

Un agent réagissant à la recherche d'un couple d'acquéreurs : « Très franchement, dans ce secteur, j'ai rien et je pense que c'est pas plus mal. C'est pas pour vous, ce quartier. »

DE BONS CONSEILS IL AURA

Un agent découvrant quelques vices de forme chez un propriétaire pressé de se débarrasser de son bien : « Pas de souci, vous calfeutrez, vous repeignez tout ça et on fait venir mon expert. Moyennant une compensation financière, ses diagnostics lavent plus blanc que blanc. »

Un agent présentant un appartement avec des vis-à-vis à toutes les fenêtres : « Suffit de coller de l'adhésif sur les fenêtres. Vous serez tranquilles. »

Un agent cherchant à vendre une cave aménageable en souplex : « Avec le réchauffement climatique, c'est ce qu'il y a de plus adapté... On est au frais ! »

DÉBROUILLARD IL SERA

À cause d'un courant d'air, un agent et ses clients se retrouvent bloqués dans le jardin d'une maison à vendre. L'agent cherche un moyen d'ouvrir la porte :

RÉFUGIÉS DE L'IMMOBILIER

PAUSE-CAFÉ

Une vendeuse confiant ses déboires
immobiliers à Stéphane Plaza :
« J'ai fini par comprendre que le bureau de mon agent
immobilier, c'était le bar PMU près de la mairie.
Le bras droit, c'était le pilier du zinc, et dès 9 heures,
ça tournait au café-calva. Donc, autant vous dire
que la maison de nos rêves, on n'était pas près de l'avoir.
Ou alors en mirage, avec 2 grammes dans le sang. »

STOP SMS

« Je vous assure, monsieur Plaza, cet agent était dingue.
Il nous a envoyé une flopée de SMS pour qu'on vende.
Plus de 30 en deux jours ! Un harceleur textuel, j'vous dis ! »

SANS-LOGIS

Un couple de vendeurs donnant à Stéphane
les raisons de leur venue à son agence :
« À la suite d'une visite impromptue, on a vite compris
pourquoi notre maison secondaire ne se vendait pas :
notre agent squattait dedans ! »

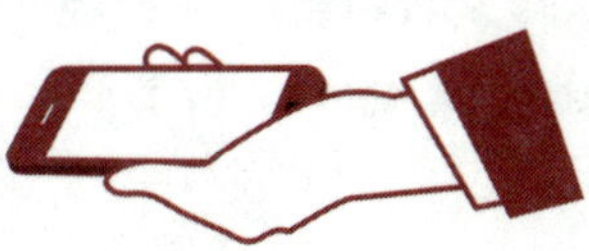

CHASSE AU TRÉSOR

Stéphane conclut, hilare, à l'énoncé de la liste impressionnante des exigences donnée par ses clients à la recherche de la perle rare :
« Chercher le Graal, j'veux bien, mais va falloir m'aider, j'suis ni le roi Arthur, ni Indiana Jones. »

MENTION TRÈS BIEN

Stéphane, qui recherche pour une famille un appartement près d'un lycée d'excellence, s'excuse de son léger retard :
« J'ai souvent été premier de la classe mais toujours dernier arrivé ! »

LE SYNDROME DU CORDONNIER MAL CHAUSSÉ

Si vous confiez votre trousseau de clés à Stéphane Plaza, aucune crainte à avoir. On est professionnel ou on ne l'est pas. En revanche, les clés de son domicile disparaissent avec une régularité qui requinque le moral et le compte en banque des serruriers. Rente à vie garantie pour son heureux serrurier !

AGENT DOUBLE

Lors des tournages, en s'inspirant des métiers, des passions de ses candidats ou des lieux, Stéphane Plaza ne rate jamais une occasion d'assouvir sa grande passion : le déguisement. Surfeur, chevalier, danseur de tango ou Tyrolien, tout y passe. Et parce que là où y a de la gêne, y a pas de plaisir, il ira même jusqu'à faire l'hôtesse de l'air en pleine place Pigalle. Vous avez dit exhibitionniste ?

B

BIBELOTS & COLLECTIONS

Collections glorifiées, souvenirs et cadeaux farfelus, bidules ou vestiges familiaux, les bibelots tiennent une place de choix dans nos intérieurs. L'objet inutile mais indispensable. Alors, en cas de vente, mieux vaut faire place nette. Éliminer du décor un bibelot, toujours précieux sentimentalement, demande du tact à l'égard de son sensible propriétaire. Et mettre les pieds dans le plat avec élégance, c'est tout l'art de Stéphane Plaza.

BOURDE EN VITRINE

Stéphane, sûr de lui, désignant une petite statuette :

BAZAR EN STOCK

Stéphane passant en revue les collections d'un vendeur :
« Le seul point commun de tes bibelots, ce sont les étagères sur lesquelles ils s'étalent. »

TOP DES BIBELOTS IMPROBABLES CROISÉS PAR STÉPHANE

Émilie et sa panoplie d'objets sataniques

Prix d'honneur « Belzébuth »

Jean-Paul et sa collection de maquettes de phares

Prix spécial « Thalassa »

Nathalie et sa collection de vaches en céramique

Palme « Demi-écrémée »

Mehdi et ses 40 manettes de console suspendues au plafond

Mention « Geek for life »

Sylvain et sa collection de tickets de concert tapissant ses murs

Grand prix « Woodstock »

Éric et sa collection d'affiches de Claude François

Grand prix « Alexandrie »

Angèle et ses innombrables statues d'ange

Prix du « Saint-Esprit »

Patrick et sa cave de 3 500 bouteilles de vin

Mention « Avec modération »

NORME SÉCURITÉ PLAZA

L'animateur-agent immobilier est un mystère pour la science, l'étonnant produit d'une manipulation génétique entre un chat noir et un éléphant dans un magasin de porcelaine. Une catastrophe ambulante qui n'aurait rien à envier au grand blond avec une chaussure noire. Entre ses mains, tout s'échappe. Alors, un conseil, si lors d'une vente, il vient vous aider à ranger des bibelots, couvrez le sol de papier-bulle. Trois couches minimum.

PETITES BAGNOLES

À la vue de certains bibelots, Stéphane retourne directement en enfance. Oubliant par exemple qu'une collection de voiturettes peut aujourd'hui avoir une grande valeur marchande. Si tant est qu'elles restent dans leur emballage ou qu'elles demeurent intactes… Trop tard, Stéphane joue déjà à quatre pattes à faire la circulation. Tout cela sous le regard mi-amusé mi-furibond du propriétaire constatant l'affront :

«Le silence est la sieste du bruit.»

José Artur

BRUIT

Depuis les années 1970, la fée double vitrage veille sur nous. Le calme n'est plus un luxe. Mais on peut toujours clouer le bec de la ville, d'autres bruits viennent troubler la quiétude des habitants. Car, à moins de vivre en ermite, on est toujours le bruit de quelqu'un. Aspirateur, musique, tondeuse, home cinéma, talons, enfants ou bricolage du dimanche, il y a de quoi faire pour contrarier ses voisins. Mais après tout, «c'est une manière comme une autre de créer du lien!» affirme Stéphane, moqueur.

ET J'ENTENDS SIFFLER LE TRAIN…

Verdict de Stéphane Plaza après la visite d'un appartement donnant juste au-dessus d'un quai de RER :

DÉPOSITION

« Avec du Wagner à 3 heures du matin,
j'suis monté le voir poings serrés, et le tapage
nocturne a viré au tapage tout court, monsieur l'agent. »

L'OREILLE ABSOLUE

« Les récitals de la diva de la couette du 5e, ça commence
à bien faire ! Je n'ai pas demandé à être aux premières loges
et je déteste quand ça joue faux ! »

SAUVAGE AU ZOO

Un acquéreur donnant ses critères de recherche à Stéphane :
« J'ai rien contre les enfants, mais quand on vit
en dessous, faut avouer que ça sonne comme
une bande de phacochères enragés. »

POLYPHONIE

Un client, fatigué des vocalises, se confie à Stéphane :
« À droite, c'est plutôt rap, en dessous, c'est Sardou et moi,
c'est le reggae. Avec les murs creux, j'vous laisse imaginer
le remix. Même NRJ n'en voudrait pas. »

THE SOUND OF SILENCE

D'anciens citadins installés à la campagne
confient à Stéphane :
« Le silence de la nuit nous fait presque regretter
la porte de la Chapelle. »

THE SOUND OF NOISE

Un homme célibataire d'une quarantaine d'années
avec des critères sonores peu communs :
« Surtout, j'veux du bruit, de la vie ! S'il y a du rez-de-chaussée
sur rue passante, je prends ! »

AIGUILLEUR DU CIEL

Un propriétaire, vivant sous le couloir aérien de l'aéroport
Charles-de-Gaulle semble parfaitement s'en accommoder.
Il s'en explique à Stéphane qui se bouche les oreilles,
horrifié par le bruit :
« Je suis passionné d'aviation civile. Avec cette appli
smartphone, en pointant sur l'avion qui passe... Tac !
Je connais la compagnie, la destination
et les horaires du vol. C'est génial, non ? »

MUSICALIES

Stéphane aime le bruit et les fanfares. Son arrivée est toujours tonitruante, avec des petits airs inspirés des origines de ses clients... Un air de zouk pour les Antillais, du Bollywood pour les Indiens, et le fameux « bel canto » pour les Italiens... La musique adoucit les mœurs, on vous dit !

C

CARRELAGE ET LAMBRIS

Du sol au plafond, voici deux éléments de décoration qui font voyager à travers le temps et les modes. Surtout utilisés sous leur forme la plus basique: bois style chalet alpin pour l'un, en mode carreaux blanc hôpital pour l'autre. Des styles qui ne manquent jamais d'inspirer l'esprit taquin de Stéphane Plaza. Pourtant, les goûts changent, et aujourd'hui carreaux de ciment et autres lambris peints façon cottage british ont le vent en poupe. Puisqu'on vous dit que tout passe, tout casse… et tout finit par revenir!

LA POSE, C'EST UN MÉTIER

Une propriétaire montrant à Stéphane les dalles fissurées de son patio :

LIGNE 4

Stéphane inspectant d'un doigt les joints
de carrelage d'une salle de bains :
« Ah, c'est très bien le carrelage métro, mais là,
ça fait un peu ligne malfamée, non ? »

CARRELAGE CHAMPÊTRE

Stéphane, le regard ailleurs, se projetant dans les motifs
bucoliques d'un carrelage de salle de bains :
« Ça me donne envie de courir tout nu dans les prés. »

URGENCE

Stéphane Plaza visitant une cuisine avec néons au plafond,
carrelée en blanc aux airs de bloc opératoire :
« En cuisinant ici, je serais tenté de réanimer le poulet. »

TOUT SCHUSS

Plaza faisant son entrée dans une pièce en lambris
en chantant un air de tyrolienne :
« Là, on est carrément au chalet ! Il est où le tire-fesses ?! »

TON SUR TON

Des propriétaires s'expliquant sur leur sol en vinyle imitation
carrelage posé sur... du carrelage :
« Le lino, c'est plus simple à changer que le carrelage.
Et puis ça fait moins froid aux pieds. »

CACHE-MISÈRE

Stéphane découvre un superbe mur en briques derrière des lambris :
« Mais pourquoi vous avez caché ça ?
– Je trouvais que ça faisait prolo. »

ÉGYPTOLOGIE

Stéphane découvrant une frise de carrelage style « hiéroglyphes » dans un couloir :

« Tout est plus glamour quand vous le faites sur votre lit. »

Andy Warhol

CHAMBRE

La chambre, c'est d'abord un lit pour rêver, se reposer, s'amuser ou agrandir la famille. Le reste, c'est du décor! Mais de la chambre placard à la fameuse suite parentale rappelant une luxueuse suite d'hôtel, la pièce est en prise directe avec notre intimité… Alors, en cas de vente, prévient Stéphane, il faut la débarrasser des objets et des souvenirs trop personnels. Surtout lorsqu'on parle de jouets pour adultes bien en vue sur la table de nuit…

SPORT DE CHAMBRE

Stéphane découvrant un « champ de tir » écrit sur la couette de la chambre parentale d'une famille nombreuse :

GAME BOY

Constat de Stéphane à la vue de la chambre surchargée d'un couple :

ZÉRO DÉCIBEL

Un couple explique à Stéphane pourquoi sa chambre a été entièrement insonorisée : « Madame aime bien les vocalises, si vous voyez ce que je veux dire, et moi je ronfle. »
Stéphane : « Pas pendant son concert, j'espère ! »

TRANSPARENCE

« Et là, c'est la chambre.
– Mais je croyais que c'était le salon… Il n'y a pas de murs autour ?
– Oh, vous pourrez toujours mettre un rideau si vraiment vous y tenez… »

TOTEM

En rangeant la chambre d'une propriétaire septuagénaire, Stéphane tombe sur un godemiché et, tout en se marrant, met les points sur les i :
« Dis donc, Josette, quand je t'ai dit que j'allais te prendre en levrette, c'était juste pour la rime et briser la glace, hein ! »

MAUVAIS ŒIL

Stéphane, après avoir chuté d'une chaise en enlevant la photo de l'ex-femme du propriétaire trônant encore dans la chambre :
« Comme quoi, elle est renversante, ton ex-femme. Il était temps de s'en débarrasser ! »

DORTOIR

Stéphane, quelque peu désarçonné par une chambre servant pour toute la famille, s'adresse aux parents :
« Ça surprend... Et comment ça se passe pour vous ? Dans l'intimité... ça ne doit pas être tous les jours Kamasutra ! »

GÉNIAL, MES PARENTS DIVORCENT

Stéphane, presque jaloux d'un enfant dont la chambre regorge de jouets en tout genre :

« T'es sacrément gâté à Noël, toi !
– C'est surtout que j'ai un jouet dès que papa et maman s'engueulent. »

LES ROIS DE L'ILLUSION

Un couple de parents fait visiter sa suite parentale d'inspiration normande à Stéphane :
« Cette chambre, c'est une zone protégée. Une manière de se dire que sur un coup de tête, on peut encore partir à Deauville tous les deux. »

VESTE DE NUIT

Stéphane, sourire aux lèvres et regard coquin, juste après s'être jeté sur le lit *king size* d'une jolie propriétaire:
« C'est qu'on peut en faire des choses dans un lit pareil !
– Oui, mais désolée, moi, c'est plutôt les filles, Stéphane, lui répond-elle du tac au tac. On passe au salon ? »

FÉE DU LOGIS

Stéphane, taquin et stupéfait à la vue de la chambre-capharnaüm d'un adolescent fan de techno :

« Dans le noir, toutes les couleurs s'accordent. »

Francis Bacon

COULEURS

Malheureusement, la couleur à la lumière du jour réserve toujours quelques surprises. Savoir la manier dans sa maison relève souvent de l'exercice de style à haut risque. Car s'il y a bien un élément de décoration qui passe de mode à la vitesse du temps de séchage d'une couche, c'est la couleur. L'avantage, c'est qu'il y a toujours un moyen de réparer ses erreurs et Stéphane n'hésite donc pas à tacler les couleurs « arc-en-ciel » des intérieurs…

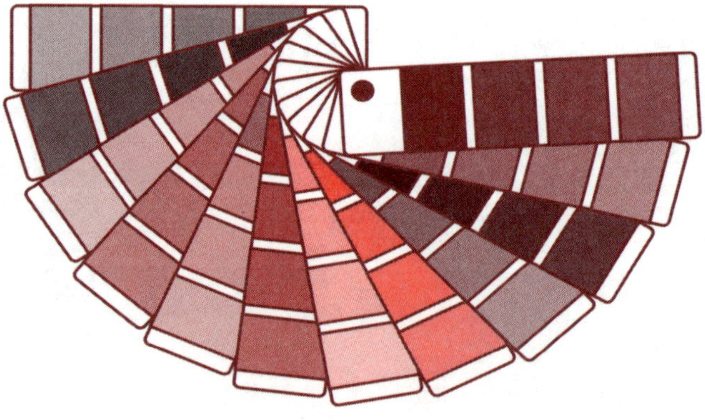

LES GOÛTS ET LES COULEURS

Stéphane Plaza plaisante en découvrant un magnifique salon entièrement repeint en orange :
« Qui a choisi cette couleur ?
– C'est moi ! répond la propriétaire.
– C'est bien, parce que t'as l'air fière de toi, là ! »

PURPLE RAIN

Stéphane découvrant l'obsession pour le violet de la propriétaire :
« J'imagine que ce n'est pas la peine de te demander ta chanson préférée. »

SECRET DE PROFESSIONNEL

Stéphane Plaza, plaisantin, découvrant un mur aux finitions douteuses, s'interroge :
« Là, vous n'avez pas terminé la peinture ?
– Si, c'est une technique d'éclaircissement, c'est un peintre qui me l'a donnée.
– Ah ! Je ne connaissais pas, mais je doute qu'il fasse carrière, ce peintre ! »

INSPECTEUR DES TRAVAUX FINIS

Réponse d'un acquéreur au descriptif de Stéphane des couleurs d'une chambre :
« Pour le rendu, j'vous fais confiance, j'suis daltonien ! »

TRISTE MINE

Stéphane s'auscultant, l'air grave, dans le miroir
d'une salle de bains toute verte :
« Au moins, avec une telle couleur, on n'est jamais déçu
de son reflet : on est moche tous les matins ! »

RECONVERSION

Un peintre de « Maison à vendre » face au nuancier
d'une grande surface de bricolage :
« Blanc meringue, jaune safran, rose tarama, bleu canard,
beige crème de café, marron cacao… Il fait un régime,
celui qui vous a écrit ça ? Parce que là, ça vire à l'obsession…
Ah, rouge Marrakech, bleu lagon, vert sapin…
Et il a besoin de vacances, apparemment. »

NORME SÉCURITÉ PLAZA

Lorsqu'il y a de la peinture à faire en compagnie de Stéphane Plaza, c'est total look obligatoire : combinaison blanche, lunettes de protection, voire masque. Car, comme l'agent immobilier le dit lui-même :

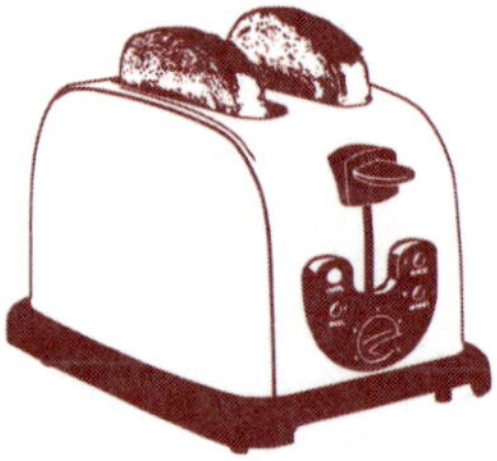

« Bâtir salon avant cuisine, de la maison c'est la ruine. »

Proverbe bourguignon

CUISINE ET DÉPENDANCES

La cuisine, perçue longtemps comme une « cage à ménagère », est devenue un nouveau lieu de convivialité où tout le monde se doit de mettre la main à la pâte. Revers de la médaille, la cuisine ne peut plus se contenter d'être fonctionnelle, elle doit aussi être décorative et au « goût du jour », posséder ce petit cachet qui pousserait même un piètre cuisinier comme Stéphane Plaza à se faire cuire un œuf! Extincteur toujours à portée de main.

CORDON-BLEU

Un célibataire faisant la leçon à Stéphane sur l'intérêt de cuisiner pour draguer :

CUISINE DES MOUSQUETAIRES

Ressenti de Stéphane, hilare, face à une cuisine en chêne sculpté très années 1970 :
« J'ai une de ces envies de croquer du sanglier, moi ! Mais en vitesse parce qu'après j'ai chasse ! »

DO YOU SPEAK GASTRONOMIE?

Une propriétaire réticente à l'idée d'ouvrir sa cuisine sur son salon :
« Rien que le nom : "cuisine américaine", ça montre que ce n'est pas une bonne idée. Qu'est-ce qu'ils y connaissent en cuisine, ces gars-là ? »

BONNE VOLONTÉ

Stéphane proposant ses services à une propriétaire au fait de la réputation de l'agent immobilier :
« J'peux vous aider à emballer la vaisselle ?
– Surtout pas ! »

DOMOTIQUE

Un client de Stéphane tentant de dompter une cuisine entièrement automatisée :
« Sans bac + 10, difficile de se servir un verre d'eau. »

TOUT EN UN

Stéphane, perturbé par la disposition d'un appartement, aux propriétaires :

SALON DES ARTS MÉNAGERS

Un jeune propriétaire célibataire fier
de sa trouvaille culinaire :
« Fini le micro-ondes ! J'ai enfin trouvé quelqu'un
avec cuisine équipée et qui sait s'en servir ! »

HORMONES AU GRAILLON

Stéphane interrogeant un adolescent résigné
dont l'aération de la cuisine débouche dans la chambre :
« Et ça ne te gêne pas d'avoir l'arrivée
de la hotte de la cuisine dans ta chambre ?
– Bah, parfois, ça m'ouvre l'appétit. »

CAS DE FORCE MAJEURE

Stéphane s'adressant à son équipe technique
à la fin d'un tournage en province :
« Rentrez sans moi, je reste un jour de plus.
Demain, c'est paella chez Mireille. »

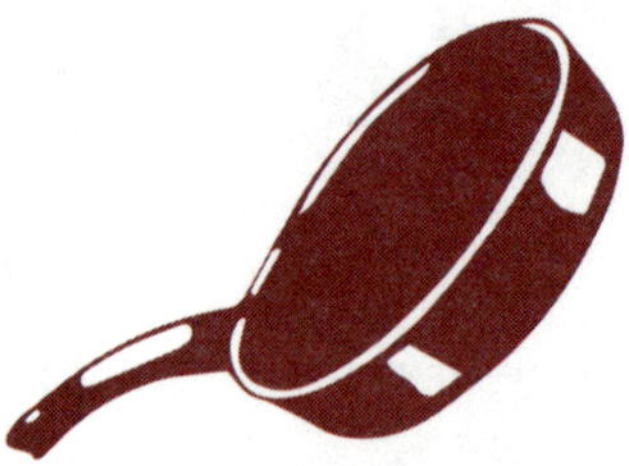

PLAZA & MILLAU

Gourmand gourmet, Stéphane Plaza ne rate jamais une occasion de mettre les pieds sous la table. Et ses clients ou témoins (participant aux émissions) le lui rendent bien. Ces « Top chefs » à domicile sont toujours prêts à lui faire découvrir de nouvelles saveurs. Combien de tours du monde culinaire a-t-il ainsi pu s'offrir ? Seul son estomac s'en souvient et en redemande ! Prévoyez du rabe sans compter, si un festin en sa compagnie s'organise.

D

DÉMÉNAGEMENT

Étape redoutée et redoutable, le déménagement fait « suer » dans tous les sens du terme. Il y a ceux du genre à emballer à la dernière minute avec des cartons de supermarché fatigués. Et il y a les déménageurs-nés prêts en temps et en heure pour que le jour J ne soit pas une immense galère. Mais le déménagement reste une situation à haut risque et la panade n'est jamais bien loin. Et puis on a tous un pote « habile comme un Stéphane Plaza » qui a de super idées pour que l'opération cartons aille plus vite.

« On est toujours trop riche quand on déménage. »

Proverbe français

RAMPE DE LANCEMENT

Stéphane Plaza, sûr de sa technique
consistant à faire glisser les cartons sur les rampes d'escalier :
« Tu vas voir, c'est impeccable comme solution !
Faut juste trouver le point d'équilibre et hop, tu lâches… »
Bien évidemment, les lois de la gravité
et la précision du lancer de Stéphane
eurent raison de sa théorie…

VIENS CHEZ MOI, J'HABITE CHEZ UNE COPINE

Le bon copain qui en a ras-le-bol de devoir aider son
Don Juan de pote à déménager après chaque rupture :
« Ce serait bien qu'il trouve la bonne un de ces quatre.
Ou de quoi se payer son propre appart. »

SERGENT-CHEF

Stéphane s'adressant aux fils
d'une trentaine d'années d'une cliente :
« Allez, les Tanguy ! Hop, hop, hop !
Aujourd'hui, on déménage ! »

RÉCOMPENSE

Stéphane à un propriétaire, tout en dégustant
une bière tiède premier prix à la fin d'un déménagement :
« Tu sais remercier tes sujets ! Santé, grand seigneur ! »

CHEMISES EXTRA-VIERGES

Un client de Stéphane découvrant le chargement
du camion de déménagement sens
dessus dessous à son arrivée :
« Brillante idée d'avoir posé la cagette d'huile d'olive
et de vinaigre au-dessus des sacs de vêtements.
Manque plus que la moutarde pour me faire
une salade de fringues. »

VA-NU-PIEDS

Stéphane, tout penaud d'avoir mis
à la benne les chaussures d'une cliente :
« Faut avouer que ça prête à confusion
de mettre ça dans des sacs-poubelle. »

POTICHE

Stéphane se rendant compte qu'il est bloqué dans le camion de déménagement après avoir assuré son chargement :

INCONNU À CETTE ADRESSE

Un propriétaire racontant à Stéphane une mésaventure lorsqu'il a embauché des « déménageurs » à la sortie d'un grand magasin d'ameublement :
« Quand j'ai vu dans mon rétroviseur le camion prendre une autre route, je me suis dit que j'avais fait une connerie. Autant vous dire que ma nouvelle cuisine n'est jamais arrivée, enfin pas chez moi, en tout cas. »

SIGNALÉTIQUE

Un déménageur qui vient de briser le contenu d'un carton en le posant sans précaution :
« Si c'est fragile, faut l'écrire, madame.
Ça ne se devine pas, ces choses-là.
Sauf quand c'est trop tard... »

NORME SÉCURITÉ PLAZA

En cas de déménagement en présence de Stéphane, une extrême vigilance est de rigueur.
1) Veillez à le munir de gants anti-dérapants. L'art de la prise en main est en effet une science qui peut parfois (toujours) lui échapper.
2) De ce fait, ne vous trouvez jamais en aval d'un objet qu'il porterait dans un escalier.
3) Réduisez au maximum l'itinéraire (pas plus de 10 mètres et si possible en rez-de-chaussée) emprunté par l'agent immobilier pour se rendre au camion.
4) Et surtout, chaussures de sécurité pour tout le monde ! Vos vieilles paires de Doc coquées peuvent aussi faire l'affaire.
Mais le plus sûr reste encore d'immobiliser Stéphane Plaza en lui faisant déguster un petit plat mijoté par vos soins, loin des cartons.

FENG SHUI, KARMA ET COMPAGNIE

La maison est un cocon dans lequel nos croyances ont libre cours. Et l'heure est à la spiritualité, voire au surnaturel. On cherche à s'ouvrir ou au contraire à fuir les mystérieuses énergies de la maison! Fumisterie pour certains, inspiration pour d'autres. Stéphane Plaza ne loupe jamais une occasion de donner son point de vue amusé sur les lubies des propriétaires et d'étaler sa science du feng shui (par contre, pour la prononciation, on repassera).

GOUROU PLAZA

Dans le feng shui, art millénaire chinois visant à harmoniser l'énergie environnementale d'un lieu, la présence d'un miroir dans une chambre est déconseillée. Celui-ci troublerait les rêves et l'harmonie d'un couple. Ce qui, pour Stéphane en compagnie d'un couple de vendeurs, se résume ainsi : « Ce miroir au pied de votre lit, c'est pas du tout "fangueshuhi" ! On dit que ça attire le mauvais œil et l'infidélité. Et puis, si tu fais l'amour, de deux, paf, tu passes à quatre ! Ça demande trop d'énergie. Déjà qu'à deux, c'est compliqué... »

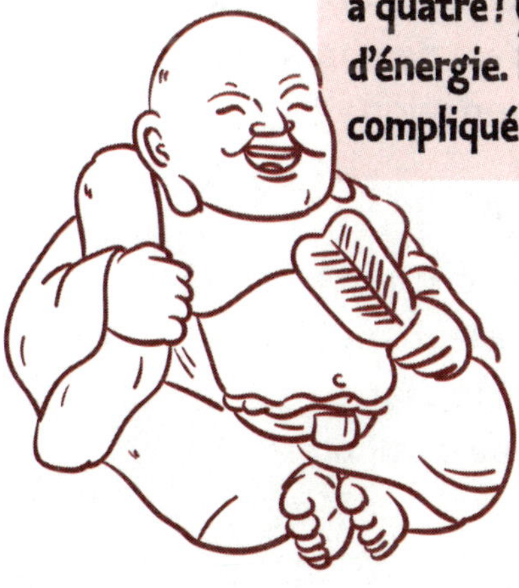

ANGLE DROIT

Verdict d'un acquéreur expert en feng shui
à un Stéphane Plaza qui n'en revient pas :
« L'angle de ce mur est à 88 degrés.
Il en manque 2 pour que j'achète. »

THRILLER

Réponse amusée de Stéphane à un client demandant
si on peut voir la lune de la baie vitrée de la chambre :
« Les visites se font rarement en pleine nuit,
je vais avoir du mal à vous répondre…
Z'êtes loup-garou, c'est ça ? »

SOS FANTÔMES

Stéphane rassurant une vieille dame souhaitant
acheter qui s'inquiète d'éventuels phénomènes surnaturels :
« Oh, vous savez, les histoires de fantôme
dans un immeuble neuf, à moins qu'un ouvrier
ait été coulé dans le béton, c'est peu probable.
Vous voulez que je me renseigne ? »

PLAZA KARMA

Une cliente, ravie d'avoir trouvé
son logement grâce à Stéphane :
« T'as une belle aura, Stéphane.
Tu permets que je la prenne en photo ? »

BATTERIE RECHARGÉE

Stéphane découvre dans le jardin d'un propriétaire un trou de 1 mètre de diamètre rempli de pierres semi-précieuses. Explication :

G

GRENIER & COMBLES

Là-haut, au-dessus de nos têtes, se cachent des espaces insoupçonnés. Entrepôt pour vieilleries de famille ou simple « garde-poussière » inexploité, le grenier ou les combles sont le nouvel eldorado pour les heureux propriétaires en quête de volume en plus. La possibilité d'imaginer un salon cathédrale, une salle où concentrer tous les jeux des gamins ou de se faire une chambre de rêve avec poutres apparentes. Mais attention aux règles à respecter si l'on veut éviter de se prendre le ciel sur la tête…

INGÉNIEUR STRUCTURE

Un propriétaire explique à Stéphane les rangées d'étais qui se déploient le long de son grenier aménagé en chambre : « J'ai un peu trop tranché dans la charpente, du coup, j'ai posé les étais pour la soutenir. Mais ça ajoute un côté loft sympa.
– Oui, et c'est très rassurant. Fais-moi juste penser à ne pas m'appuyer sur l'un d'entre eux. »

CAVALIER

Réponse à Stéphane d'un propriétaire qui s'est octroyé le droit d'annexer les combles sans avis favorable de sa copropriété : « En France, vaut mieux demander pardon que d'attendre les autorisations ! »

M. FRODON

Stéphane découvrant un grenier aménagé très bas de plafond :

GUEULES NOIRES

Un propriétaire parisien se remémore avec Stéphane les travaux pour effondrer les plafonds du salon donnant sur les combles : « On s'est pris deux cents ans de poussière et de pollution sur la gueule. C'était *Germinal* ici. »

ROI DES FORÊTS

Stéphane admirant chez des clients un séjour cathédrale où trône un sapin de Noël de 4 mètres de haut : « Ah, bah, voilà ! Depuis le début de la visite, je me demandais pourquoi ça sentait la pastille pour la gorge ! »

TERRA INCOGNITA

Un propriétaire, stupéfait de découvrir au-dessus
de son appartement 40 m² de combles aménageables
éclairés par une verrière donnant sur le Sacré-Cœur :
« Trente ans que j'habite là et je n'étais jamais monté.
Ça devrait changer quelque chose
au prix de vente, non ? »
Juste un peu…

GOUTTE-À-GOUTTE

Un couple a installé un ficus sous une fuite
de toiture dans un grenier non aménagé.
« Ça limite la casse, c'est moins cher
qu'une réparation et ça évite
la corvée de bassine. »

RÉVEIL VIRIL

Une cliente de Stéphane qui se plaint de son lit situé sous la charpente :

HOME STAGING

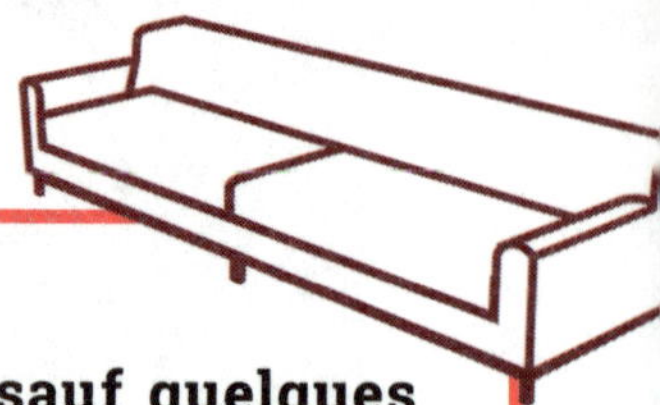

Avant «Maison à vendre», personne, sauf quelques décorateurs, n'avait entendu parler de cette technique: l'art subtil de rendre sa maison plus attrayante afin d'amorcer la vente. Le principe consiste à alléger la décoration et à réaliser une rénovation légère sans jamais dépasser 3 % ou 4 % du prix de vente. C'est la règle d'or. Et si on a la chance d'être coaché par Stéphane Plaza et ses décoratrices, Sophie Ferjani ou Emmanuelle Rivassoux, la métamorphose est totale: la maison «citrouille» peut se transformer en palais... toujours à vendre?

« Certains peintres transforment le soleil en un point jaune, d'autres transforment un point jaune en un soleil. »

Pablo Picasso

LE COMBLE DU HOME STAGING

Une propriétaire découvrant
les transformations pensées par Sophie Ferjani :
« Je n'aime pas du tout, impossible de me projeter là-dedans. »
Stéphane :
« En même temps, Liliane, si je puis me permettre,
ce n'est pas le but… »

ESPRIT MALIN

Dialogue entre un propriétaire et Stéphane après des travaux de *home staging* :

LE COMBLE DU HOME STAGING 2

Un propriétaire, enchanté par le *home staging* effectué par les équipes de Stéphane dans sa maison : « C'est fantastique ce que vous avez fait… Je ne sais même plus pourquoi on vend. D'ailleurs, en voyant tout ça, je ne suis plus trop sûr de le vouloir. On pourrait vous régler les travaux et en rester là ? »

MONNAIE DE SINGE

Constat de Stéphane après la transformation totale d'une maison qui abritait de nombreux animaux : « Tout n'était que pour nos amis les bêtes, mais j'ai rarement vu un chien, un chat acheter une maison… Et un canard encore moins. »

ESSAI NON TRANSFORMÉ

Des propriétaires ayant tenté d'appliquer par eux-mêmes les principes du *home staging* : « Les nouvelles photos de l'annonce n'ont pas eu l'effet escompté. La dernière visite remonte à six mois et encore, c'était un décorateur qui voulait nous proposer ses services… »

FOURCHETTE HAUTE

Stéphane, réaliste, face à une propriétaire, qui avait appliqué tous les bons conseils de *home staging* : « La décoration et l'aménagement, ça joue, mais trois ans sans visite, c'est peut-être qu'il y a un souci au niveau du prix… »

PRESSENTIMENT

Emmanuelle Rivassoux, la décoratrice, justifie à Stéphane Plaza sa volonté de faire une pause dans l'agenda des travaux de *home staging* : « Ne le prends pas mal, Stéphane, mais l'addition "Plaza + vendredi 13" me fait croire qu'il vaudrait mieux annuler la journée de demain et reprendre lundi… »

BIZUTAGE

Emmanuelle Rivassoux n'est pas près d'oublier son premier jour de tournage avec Stéphane Plaza. Ne se fiant qu'à sa science du déménagement, l'agent a cru bon de prendre en charge le déplacement d'une armoire dans un escalier. Résultat : une paroi qui se détache, dévale l'escalier et frôle finalement les deux chevilles de la décoratrice postée en bas... Une belle frayeur pour Emmanuelle Rivassoux, qui, dans la foulée, a pris une bonne mutuelle !

J

JARDIN

Fantasme pour bon nombre de citadins et principale cause d'exode (ou retour) vers les campagnes, le jardin est un petit paradis. Mais Stéphane Plaza et ses équipes sont souvent confrontés à des espaces pas toujours verts ni exploités au mieux. Pourtant, paré de ses plus beaux atours, le jardin est le genre d'argument massue pouvant déclencher une vente.

« Si l'herbe est plus verte dans le jardin de ton voisin, laisse-le s'emmerder à la tondre. »

Fred Allen (humoriste américain)

AU CORDEAU

Une cliente montrant à Stéphane Plaza
son jardin en pagaille :
« Mon mari est paysagiste.
– Faut avouer que ça ne se voit pas au premier coup d'œil... »

TERRAIN MINÉ

Une vendeuse, prenant bien soin de regarder où elle met
les pieds, fait visiter sa parcelle à Stéphane :
« On a deux jardins, un pour nous
et un pour les besoins du chien. »

AIRE DE JEUX

Stéphane Plaza, interloqué face
à un jardin entièrement bétonné :
« La plupart des familles veulent avoir du gazon,
de la pelouse pour que les enfants puissent
s'amuser… Là, avec le ciment, c'est du trash. »

AUTANT EN EMPORTE LE VENT

Commentaire d'un propriétaire à Stéphane
tentant de maîtriser une souffleuse :
« Si vous vendez comme vous jardinez,
on va pas y arriver ! »

BÛCHER

Réaction de Stéphane à la vue d'un barbecue
taille XXL posé dans le jardin :
« Mais y a de quoi brûler Jeanne d'Arc,
sa famille et son p'tit chat ! »

POTABLE

Avertissement d'un vendeur à Stéphane
sur la qualité de l'eau du puits dans le jardin :
« D'après le grand-père, y aurait encore
un Allemand au fond. »

HERBES DE PROVENCE

Stéphane tombant nez à nez sur un carré de marijuana chez une propriétaire dans le sud de la France :

À LA FRAÎCHE

Un couple de propriétaires naturistes expliquant
à Stéphane la présence de très grandes clôtures
opaques tout autour de leur parcelle :
« L'amour rend aveugle… Pas les voisins. »

AVANT-GOÛT

Dans un jardin ressemblant à une friche,
Stéphane découvre, dispersées un peu partout,
des sculptures faites d'objets récupérés :
« J'adore l'art, mais ça me fait plutôt penser
au jardin d'un *serial killer*. Je ne suis pas sûr
de vouloir visiter l'intérieur de la maison. »

CLUB PASSION GAZON

Stéphane se fait vertement reprendre par
un propriétaire pour avoir posé un pied sur son gazon :
« Stéphane, retire vite ton 44 de là !
Sinon je sors la serpe et je m'occupe
de la tige qui te sert de jambe ! »

NORME SÉCURITÉ PLAZA

En terrain pentu, Stéphane Plaza s'essaye fréquemment à un sport de glisse autre que la chute. Il peut ainsi lui arriver de débarquer chez vous équipé d'un surf, d'une planche, d'une luge ou d'un traîneau. Veillez à ne pas vous situer à l'arrivée du p'tit bolide ! Vos jambes vous remercieront. Et surtout, si vos clôtures se trouvent en bout de piste, pour leur survie ainsi que celle de Stéphane, des tapis de protection s'imposent.

MAISON

Chaque jour, Stéphane constate un peu plus l'engouement pour tout ce qui s'approche de près ou de loin (voire de très loin) à une maison. Mais la maison, c'est plus que quatre murs, c'est surtout la possibilité de planter son drapeau et de dire: «Ici, c'est chez moi.» Avec une maison à soi, tous les rêves deviennent possibles, pour le meilleur et pour le pire (ou le rire).

« Qui suit les avis de chacun construit sa maison de travers. »

Proverbe danois

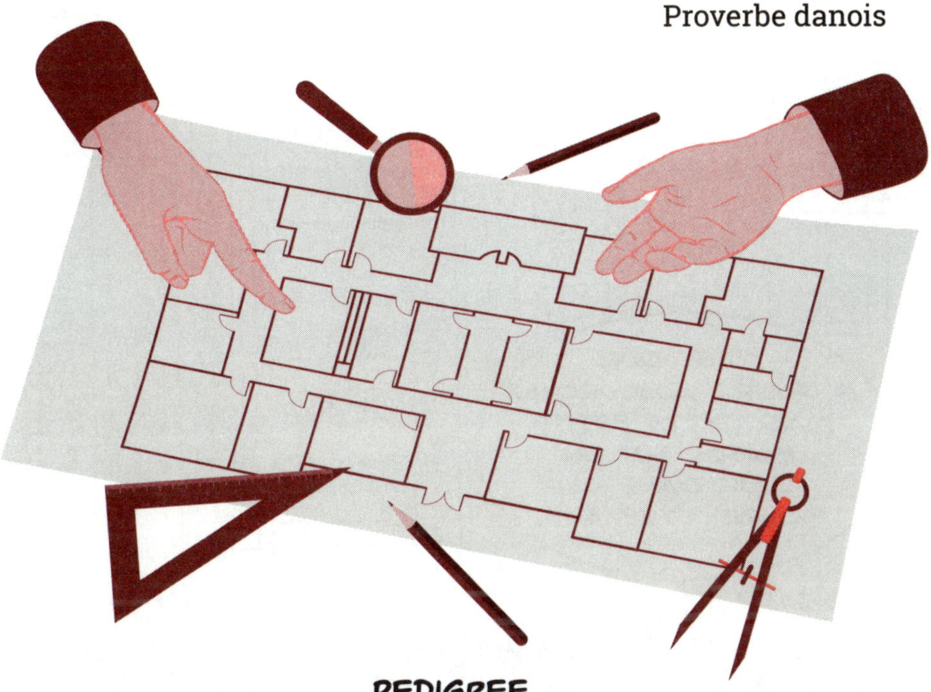

PEDIGREE

Un propriétaire, fier de la « signature » de sa maison, à Stéphane :
« La maison a été dessinée par un célèbre architecte qui a construit la cité à l'entrée de la ville.
– Oui, mais je ne suis pas sûr que ce soit une super carte de visite. »

LE TEMPS DES PIONNIERS

La propriétaire d'une maison entourée de barres HLM rappelle à Stéphane l'historique de la demeure :

APPARENCES TROMPEUSES

Stéphane, surpris de découvrir un superbe loft
en fond de cour d'un immeuble en très mauvais état :
« Pincez-moi, je rêve ! Jamais on n'imaginerait
tomber sur une telle maison des merveilles.
Parce que, vue de la rue, cela fait un peu squat,
cette copro. »

FIN DE RÈGNE

Un propriétaire fait visiter à Stéphane
une demeure du début du XXe siècle en ruine :
« C'est une véritable maison de maître.
– Oui, enfin, là, il semblerait qu'il n'y ait plus de maître
depuis au moins la Révolution ! »

CEINTURE

Un couple d'acquéreurs subjugués par la maison
avec jardin de 1 hectare que leur a trouvée Stéphane :
« Avec une telle maison, plus besoin
de partir en vacances !
– Ça tombe bien, chérie,
on n'en aura plus les moyens… »

TENTER LE DIABLE

Des propriétaires, n'ayant eu que des déconvenues dans la rénovation de leur maison, expliquent à Stéphane le choix de la vente : « Six mois sans problème ? Ce n'est pas normal. On n'est pas fous, faut vendre de suite. »

HARMONIE

En Bretagne, Stéphane découvre un propriétaire fan du Mexique qui a repeint sa maison aux couleurs vives ambiance latino : « Je sais qu'il y a des couleurs plus typiques dans la région, mais j'aime bien me démarquer.
– C'est réussi ! Ça pique les yeux, gringo ! Vu de l'espace, ça doit être très beau. »

SUR UN MALENTENDU…

Coup de fil d'un client à l'agence de Stéphane
et réponse de celui-ci :
« Non, monsieur, si vous construisez
sur un terrain que vous louez, vous ne deviendrez
pas propriétaire de la maison… »

LE COMPTE EST BON

Stéphane, solennel, après avoir calculé les charges annuelles
d'une gigantesque maison dans l'Ouest parisien :
« À l'image de la baraque, c'est du massif. »

BUNKER

Un couple de propriétaires présente à Stéphane
leur petite maison de ville dont l'espace se déploie
en grande partie au sous-sol :
« On a acheté et aménagé toutes les caves
adjacentes à la maison.
– Au moins, en cas d'attaque nucléaire, on est à l'abri.
Vous avez fait des provisions ? »

MUR

Il fut un temps où les murs intérieurs étaient rois. Pas question de faire du mélange des genres, à chaque pièce, sa fonction dédiée, délimitée par ses quatre cloisons. À présent, on s'amuse à les transformer, voire à les abattre. À ce jeu-là, Stéphane est toujours le premier sur la masse. Plus c'est risqué, plus ça le titille. Prenez juste garde à ce qu'il n'attaque pas un mur porteur. La nouvelle perspective offerte ne serait alors que de courte durée…

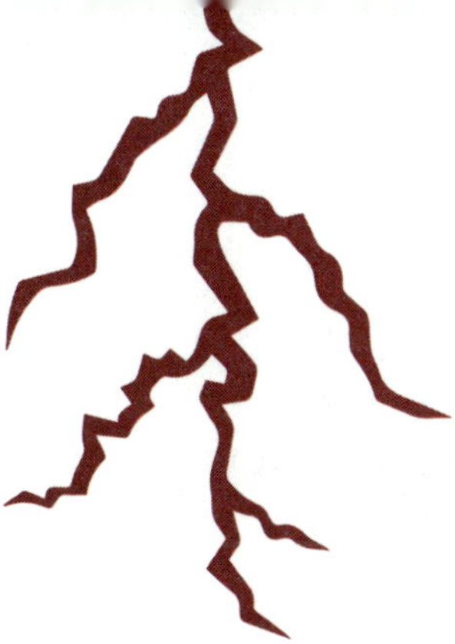

« C'est au pied du mur qu'on voit le maçon. »

Proverbe français

À LA REVOYURE

Profession de foi de Stéphane avant de fracasser un mur chez un propriétaire : « J'pense toujours aux gens qui m'ont fait du mal quand j'casse un mur… »

BAM !

« Et bah, dites donc, celle-là ou celui-là, il ne vaut mieux pas qu'elle ou il vous recroise ! »

CACHE-MISÈRE

Stéphane, dans un salon où tous les murs en travaux ne sont pas complètement nus : « Poser des tableaux sur un mur pas terminé, c'est quand même la première fois que je vois ça. »

L'ŒUF OU LA POULE

Stéphane admirant l'abondante végétation recouvrant les murs extérieurs d'une maison : « C'est à se demander qui du lierre ou du mur était là le premier. »

LISSAGE

Stéphane passant sa main sur un mur en crépi grossier : « C'est bien parce qu'avec un crépi pareil on peut aussi râper son fromage ou ses légumes. »

STIGMATES

Stéphane, avec un couple de jeunes parents :
« Les cratères dans le mur du couloir, c'est de qui ?
– C'est le petit, il a eu sa période karaté.
– Plutôt Terminator, non ? »

DICTON

Stéphane, à la vue d'un mur
en parpaings fait « à l'arrache » :
« C'est peut-être au pied du mur qu'on voit
le maçon, mais là, le bonhomme, faut d'urgence
qu'il aille consulter. Soit un ophtalmo,
soit pour Parkinson... »

VU DU CIEL

Stéphane, ébahi face à un mur traversé de haut en bas par une fissure :

NORME SÉCURITÉ PLAZA

Ne jamais se situer derrière Stéphane lorsque celui-ci est en pleine session de destruction. Surtout durant l'étape critique de la masse s'élevant dans les airs avant de frapper... La décoratrice Sophie Ferjani peut en témoigner. Elle était aux premières loges lorsque la masse que tenait l'animateur s'est désolidarisée du manche pour venir s'emplâtrer dans le mur derrière lui. Et cela, à quelques centimètres du visage de la décoratrice. Un arrêt de travail évité de justesse, mais un mur de plus à reboucher...

PLACARDS & DRESSING

Les placards dans une habitation, y en a toujours trop ou pas assez. Déglingués ou encombrants, on n'hésite plus à les faire sauter pour gagner de l'espace. On pourra toujours se replier sur le dressing, nouvel eldorado de l'aménagement et argument de vente « premier choix » pour Stéphane auprès des *fashion victims*. Mais on se contente souvent du simple placard pour faire cohabiter vêtements usuels et linge de maison, aspirateur et service à fondue offert par mamie avec quelques bouteilles de bons crus. Une vraie petite supérette en somme !

> **« Une minute d'écart, ça peut se transformer en années de placard. »**
>
> Michel Audiard

UN P'TIT AIR D'HORNER

Stéphane découvrant un placard avec une porte accordéon :
« Et une porte-Yvette, une ! »

PARFUM D'INTÉRIEUR

Stéphane, face à l'improbable :
« Les toilettes dans le dressing, c'est étrange
tout de même comme idée. »

ANCIEN COMBATTANT AU PLACARD

Stéphane parlant d'un agent immobilier traumatisé qui
n'arrive pas à ouvrir un placard devant ses clients :
« Oh, la vache, il est pire que moi !
Il faut dire qu'on en a vu des choses nous tomber
sur le coin de la gueule ! »

RECYCLAGE

Stéphane, très surpris par le contenu
d'un lave-vaisselle chez un propriétaire :
« Le lave-vaisselle en garde-manger,
c'est pas courant quand même… »

SORCIÈRES DE LA RUE MOUFFETARD

Après avoir ouvert un placard chez une propriétaire, Stéphane, amusé, découvre une dizaine de balais :

L'APPÂT

Les conseils de Stéphane à un client se sentant un peu seul dans un grand dressing « dernier cri » :

« Disons qu'avec mon jean et mes deux tee-shirts qui se battent en duel, je ne sais pas trop ce que je vais faire de ça...

– Trouver une femme ? »

CISAILLE

Stéphane faisant découvrir une chambre avec une belle penderie à ses clients :

« Penderie neuve, nombreux tiroirs, miroir intégré, portes coulissantes. Hop ! Ça s'ouvre et ça se referme d'un... »

Stéphane coince la main du client dans la porte.

« Aïïïïïïïïïïïïïe !!!!!

– ... doigt... »

PARLEZ-VOUS LE PLAZA?

Stéphane, plus que réservé face à l'aspect bringuebalant de rangements dans une cuisine :

« Les placards sont un peu à l'image de la cuisine, c'est du bricolo-bricolette. »

NORME SÉCURITÉ PLAZA

Clients des émissions télé de Stéphane Plaza, prenez garde à l'ouverture des placards dans les maisons et appartements visités ! En plus des risques d'effondrement de bazar, on n'est jamais à l'abri de tomber sur un technicien caché. Et la première fois, cela surprend. Seul abri disponible, le placard est la planque préférée des réalisateurs des émissions de Stéphane. Toujours curieux d'ouvrir une porte qui s'offre à eux, de nombreux visiteurs ont eu la pétoche de leur vie en découvrant ce secret de tournage. Les cardiaques n'ont qu'à bien se tenir ! Tous à couvert !

«Le charme réside dans le propriétaire et non dans son logis.»

Proverbe marocain

PROPRIÉTAIRES / VENDEURS

Le propriétaire est un personnage central de la comédie humaine, un rôle de composition riche en émotions et en rebondissements. Et les raisons menant à une transaction immobilière sont innombrables. Dès que Stéphane Plaza met le pied chez un nouveau propriétaire, il sait flairer la belle histoire, toujours sûr de faire une rencontre unique en son genre. Et les surprises ne sont pas rares. Que l'on parle du bien à vendre ou de la personnalité des habitants.

EN JOUE

L'équipe de tournage de Stéphane Plaza arrive chez un propriétaire âgé qui n'avait visiblement pas noté la visite sur son agenda : « C'est pour "Maison à vendre" avec Stéphane Plaza ! On s'est rencontrés il y a plusieurs semaines avec votre petit-fils ! Vous pourriez baisser votre fusil, s'il vous plaît ? »

SOUS SERMENT

Stéphane Plaza, taquin, à un propriétaire trouvant toujours des excuses quant à l'état aléatoire de sa maison : « Il aurait pu être avocat, lui ! Le roi de la plaidoirie ! »

CACHEZ CE SEIN

Une propriétaire accueille en serviette de bain un Stéphane halluciné :

« Et ça vous prend souvent de recevoir comme ça ?

– Ce n'est pas tous les jours qu'on a Stéphane Plaza à la maison.

– Oui, ce n'est pas faux, mais quand même, ça aurait pu être le facteur. »

TOUT EST RELATIF

Stéphane, déçu de la visite d'un appartement à vendre :

« Tu m'avais dit que ton appartement était le plus beau de la résidence...

– Oh oui, ils sont tous moches ! »

BARAKA

Un propriétaire aux revenus modestes a hérité sans s'y attendre d'un appartement avec vue directe sur la tour Eiffel. Et grâce à Stéphane, il a réussi le tour de force de le vendre sans visite :

« Dès que je m'installe sur la Côte d'Azur, je me fais une grille de Loto ! Ce serait bête de s'arrêter en si bon chemin ! »

SITCOM

Stéphane, faussement triste avec une cliente bimbo :
« Je veux vendre parce que je me sépare.
– Oooooooh, quel dommaaaage… »

COUP DOUBLE

Un propriétaire vendeur sollicité
pour « Recherche appartement » :
« Pas de problème pour passer dans votre émission,
mais c'est 15 000 euros de droit à l'image en plus
de la vente éventuelle de mon appartement. »
Oui, mais non.

DÉSTOCKAGE

Un propriétaire, conscient des difficultés à venir
pour la vente de sa maison, à Stéphane :
« Cette maison, c'est pas un cadeau, mais je compte
sur vous pour que ça le devienne pour les acquéreurs !
– En l'état actuel, faudrait la donner… Et encore,
y aurait besoin d'une rallonge. »

DÉCLARATION

Un propriétaire s'en remettant au savoir-faire de Stéphane dans le domaine de la vente :
« On va conclure ?
– Ah, moi, j'espère toujours conclure ! »

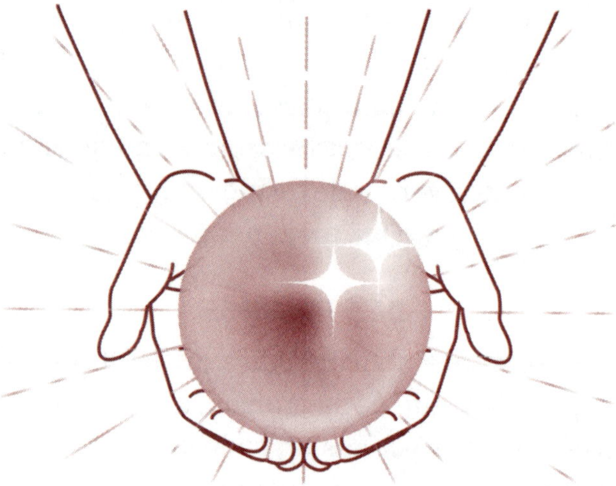

BOULE DE CRISTAL

Une propriétaire justifie à un Stéphane interloqué le prix de vente élevé de son bien :
« Le prix correspond à ce que vaudra l'appartement quand le métro sera au pied de l'immeuble.
– Vous voulez dire à la fin des travaux dans quinze ans minimum ? C'est madame Irma qui vous a fait l'estimation ? »

TRASHLAND

Stéphane, se pinçant le nez et au bord
de la nausée, découvre un appartement libéré
d'un locataire qui vivait au milieu de ses ordures :
« Tout le monde est à jour niveau vaccins ?
Parce que là, je n'ai jamais vu ça. Faut appeler
"C'est du propre !", une brigade d'éboueurs et l'OMS ! »

LUPANAR

Une propriétaire, la cinquantaine, aux airs de grande
bourgeoise, fait découvrir à Stéphane son studio
composé d'un immense lit à baldaquin,
de grands miroirs un peu partout et de murs
tapissés de velours rouge :
« Je prends ma retraite dans le Limousin.
Vingt-cinq ans dans ce bureau, ça suffit... »

NID DE GUÊPES

Stéphane se retrouve au cœur d'une bisbille familiale
entre deux sœurs, concernant un appartement
à vendre en indivision.
L'une des sœurs, en aparté à Stéphane :
« Ah, mais je suis très claire à propos de la vente
de cet appartement, je suis contre
tout ce que pense ma sœur.
C'est simple, non ? »

« IL EST LIBRE, STÉPHANE »

Stéphane Plaza est un homme de défis. Relever les challenges, accéder au bon vouloir de ses clients, réussir des ventes, pour le Plaza, c'est de l'adrénaline pure qu'une signature d'un compromis de vente ne peut seule contenter. Alors, parfois, lors des tournages, n'écoutant que son instinct, il peut lui arriver de se défroquer et d'exposer à tous sa délirante collection de slips. Il est libre, Stéphane. Et si la mer est en vue, peu importe qu'elle soit froide. Faisant fi de son micro, se baigner il ira. Dans ce cas, amis propriétaires, le kit couverture-barre de céréales s'impose. En priant pour que l'ingénieur du son n'assomme pas Stéphane dès sa sortie de l'eau.

NET VENDEUR !

Le Plaza Show est devenu une véritable institution à tel point qu'un certain Fabrice Luchini, passionné d'immobilier, s'amuse à faire une impro de l'émission Maison à vendre. Et que dire de sa célèbre expression Net vendeur ! Plus qu'un terme technique signifiant la somme exacte qui reviendra dans la poche du propriétaire vendeur, c'est devenu LA devise de Stéphane Plaza. Sa marque de fabrique, son gimmick, la petite phrase incontournable de toutes ses émissions. Il n'a même plus besoin de la prononcer, ses clients vendeurs s'en chargent pour lui ! Une sacrée consécration pour une expression reprise aujourd'hui par tous !

SALON

Au cœur de la maison, on voudrait imaginer ce grand « carrefour familial »… convivial, accueillant et lumineux. Aujourd'hui, plus il est grand et ouvert sur la cuisine, mieux c'est. Et Stéphane Plaza sait bien qu'un client séduit par un salon, c'est déjà un grand pas vers la signature. Mais on a vite fait de se prendre les pieds dans le tapis : une disposition malheureuse ou un aménagement trop personnel peuvent vite ruiner tout espoir de transaction.

« Lorsque tu as le cul entre deux chaises, achète-toi un canapé. »

Smaïn

ÉTABLE

Stéphane, à propos d'un salon surchargé de fauteuils et d'un canapé en cuir massif : « Vous imaginez le nombre de vaches qu'il faut pour faire tout ça ? Y a un p'tit troupeau, là ! »

F2 AU CARRÉ

Stéphane, gambadant dans l'immense pièce à vivre d'un appartement : « Un deux pièces dans 100 m^2, c'est ce qu'on appelle de l'*open space* ! »

KITTYLAND

Stéphane découvre dans le salon
d'un appartement parisien un véritable élevage
de chats avec cabanes, jouets
et autres réjouissances félines :

PROTÈGE-TIBIA

Un propriétaire prévoyant à l'égard
de Stéphane visitant le salon :
« Stéphane, attention à la table basse,
j'ai plus d'arnica en stock, le petit l'a fini. »

SIXTINE

Un propriétaire examine avec Stéphane le plafond
peint de son salon représentant un ciel
au crépuscule peuplé d'anges :
« J'ai pris des cours de dessin et je me suis lancé.
– Ce n'est pas du Michel-Ange...
– Non, c'est du Jean-Alain. »

VOS PAPIERS

Stéphane, inspiré par les néons au plafond d'un salon :
« La pièce pourrait être agréable, mais là,
j'ai juste l'impression d'être en garde à vue. »

J'AI RATÉ QUELQUE CHOSE?

Un propriétaire à l'air très sérieux laisse Stéphane
admirer son salon de 50 m^2 entièrement consacré
à sa collection de pots de chambre.
Réaction de Stéphane :
« Au moins, quand vous recevez, tout le monde
peut se soulager sans quitter la conversation.
Ça évite les redites. »

ÂGE LIMITE

Stéphane motivant une propriétaire pour mettre de l'ordre dans son salon devenu l'annexe de la chambre des enfants : « Christine, va falloir redéfinir les frontières. Parce que là, c'est plus un salon, c'est le mondial du jouet. Y a qu'un acheteur de moins de 10 ans qui pourrait l'apprécier. »

HOME CINÉMA

Stéphane, amusé face à un écran plat disproportionné par rapport à la taille du salon : « C'est un peu juste niveau recul, non ? Vous l'avez acheté avec un lot d'aspirine ? »

SALLE DE BAINS, TOILETTES ET AUTRES COMMODITÉS

Au fil du temps, l'espace salle de bains est devenu un must dans les critères de recherche des clients de Stéphane Plaza. Fonctionnelle par excellence, on adore de plus en plus la pouponner. Qu'elle soit design ou plus traditionnelle, une salle de bains avec du cachet, c'est le genre de «cerise sur le gâteau» qui peut finir de convaincre un acheteur.

RÉSERVATION

Stéphane, presque jaloux après la présentation d'une salle de bains avec équipement de balnéothérapie dernier cri : « Préparez les peignoirs et le jus de carotte parce qu'une fois que vous aurez acheté, il se pourrait bien que je débarque pour une cure thermale ! »

CHACUN SON TRUC

Un couple visite une maison qui dispose de grandes toilettes. Réaction du jeune homme : « Super ! Ici, je pourrai mettre un urinoir dans le mur, bien planqué. C'est un plus très important pour moi. » Si vous le dites...

SURPRISE SUR PRISE

Stéphane, en visite avec une jeune femme lors d'un tournage de « Recherche appartement », ouvre la porte des toilettes : « Et derrière cette porte, des toilettes spacieuses et... comme tu peux le constater, notre ingénieur du son qui fait sa p'tite affaire. Ça va, on ne dérange pas ? »

MAUVAIS PRÉSAGE

Stéphane, juste avant d'accueillir des acquéreurs éventuels chez des propriétaires, accuse le coup après inspection des toilettes : « Dites, je rêve ou y a un bronze oublié au fond des toilettes ? Je la sens bien cette journée de visite... »

JAPAN AIRLINES

Stéphane tentant d'apprivoiser des toilettes japonaises tout automatisées et bourrées de fonctions : « C'est un cockpit d'avion, le machin ! On voyage à Mach 1 avec ça... Allez, sortez de là que je me prépare au décollage ! »

MIROIR HD

Stéphane, pas convaincu par des miroirs pouvant diffuser la télévision dans la salle de bains : « Un miroir qui ne reflète pas, c'est quand même un peu con, non ? »

DRUGSTORE

Stéphane, amusé par l'énorme stock de médicaments, sirops et autres pansements trouvé dans le placard de salle de bains d'une cliente :

BIDET DE LUXE

Le bidet, objet culte des salles de bains des années 1970, fait l'objet de toutes les railleries de Stéphane. Pour rire, l'agent immobilier a même poussé le vice jusqu'à en offrir un neuf à un jeune acquéreur italien, Michel-Angelo, qui en rêvait… Pour la petite histoire, voilà un an que le bidet est à la cave !

MIEUX VAUT PRÉVENIR

Stéphane, chez des propriétaires âgés, s'interroge sur la présence de tapis antidérapants dans une magnifique salle de bains en marbre :
« C'est dommage de camoufler ce sol.
– Oui, mais faut choisir, c'est le marbre glissant ou la survie des fémurs. »

FANFARON

Un agent immobilier, l'œil coquin, décrit une grande douche à l'italienne comme étant susceptible d'accueillir huit personnes. Stéphane s'en amuse :
« Incroyable, moi, avec une, j'ai déjà du mal, mais lui, huit, ça ne lui fait pas peur ! »

ZONZON

Stéphane, quelque peu surpris de découvrir une salle de bains entièrement carrelée avec pour seul équipement un lavabo, une colonne de douche sans réceptacle ni cabine et une évacuation au milieu de la pièce :
« C'est pratique à nettoyer, mais ça me rappelle les vieux films où un gars se retrouve karcherisé avant d'entrer en taule ou à l'asile. »

TERRASSE ET BALCON

C'est le petit plus en or pour tous les clients citadins cherchant un logement. Pas forcément besoin d'avoir 1 hectare, quelques mètres carrés où mettre quelques jardinières peuvent suffire. Et si s'ajoute à cela une vue imprenable histoire d'épater ses amis, une question essentielle des candidats revient souvent à l'oreille de Stéphane: «Où est-ce qu'on signe?»

« La lune serait habitée, on n'oserait plus bronzer à poil sur les balcons. »

Jean-Marie Gourio, *Brèves de comptoir*

CÔTE À CÔTE

Stéphane décrivant la terrasse étroite en enfilade de 12 m² d'un appartement haussmannien : « Si t'invites des amis, tu n'es jamais en face, tous en rang d'oignons… C'est… convivial ! »

TÉLÉPORTATION

Une propriétaire fait découvrir à Stéphane sa terrasse tendance zen : « Le seul souci, c'est l'aération du resto vietnamien en dessous. Ça sent souvent le lait de coco ou la friture. On voyage !

– Et c'est pour une immersion totale que vous avez planté tous ces bambous ? »

SMALL IS BEAUTIFUL

Un propriétaire sur son minuscule balcon décoré de bonsaïs explique à Stéphane sa passion :

SIGNAL

En visite pour « Recherche appartement »,
Stéphane donne à un acquéreur une information essentielle :
« Pour ta gouverne, les prostituées, avant,
quand elles pouvaient recevoir,
elles enlevaient la jardinière du balcon.
Tu en fais ce que tu veux, mais je te le dis.
– Dans mon cas, faudrait un jardin suspendu... »

ENTRE ADULTES CONSENTANTS

Stéphane découvre chez un couple de propriétaires
un magnifique jacuzzi sur une terrasse dominant Paris :
« Buller là-dedans tout en observant Paris,
ça doit être quelque chose.
– Bah, faut revenir nous voir, Stéphane.
C'est très sympa à trois avec du champagne. »

FUNAMBULE

Stéphane, sur un balcon parisien au dernier étage.
Le propriétaire le rejoint en pointant du doigt
une enfilade de toits en zinc partant de chez lui :
« En passant par là, t'es en cinq minutes place
de la Bastille. J'l'ai déjà fait.
– En passant par là, j'suis en cinq minutes six étages
plus bas, la gueule en vrac. »

Y A QU'À FAIRE ÇA

Stéphane tente de ramener à la raison
des propriétaires s'étant attribué le toit-terrasse
de leur immeuble collectif pour en faire un jardin
privé sans accord de la copro :
« Non, je ne peux pas ajouter cet espace
au métrage de votre bien. Sinon, tant qu'on y est,
on décrète que l'immeuble est à vous et on vend le lot.
Ça vous irait ? »

« Les travaux interrompus restent en suspens. »

Virgile

TRAVAUX

Sur le papier, c'est toujours simple. Pourtant, tout se complique dans la pratique, truelle au poing ! En matière de travaux, amateurs comme professionnels sont capables de prouesses mais pas toujours dans le bon sens du terme. Et ce n'est pas Stéphane Plaza qui dira ou fera le contraire !

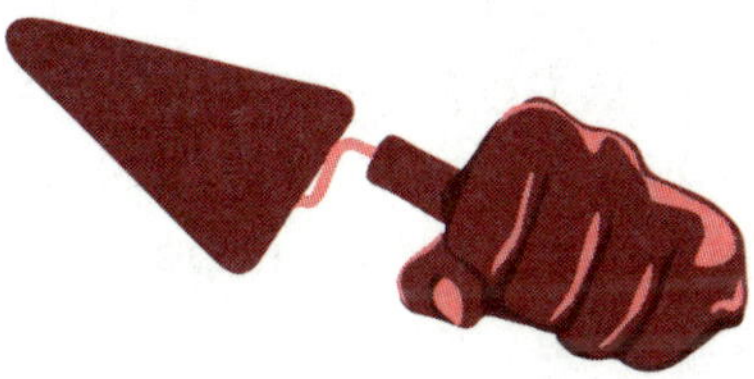

LUMINEUSE IDÉE

Stéphane face à une installation électrique étrangement rénovée par un propriétaire : « Dites donc, vous ne seriez pas un peu dyslexique ? Parce que là, faut appuyer sur l'interrupteur de la cuisine pour allumer le salon ! »

PREMIERS SECOURS

Une femme, consciente des limites
de son mari en matière de bricolage :
« À chaque fois qu'il sort les outils, ça sent le fait divers. »

HUMANISTE MAIS PAS TROP

Un propriétaire confie à Stéphane ses regrets
d'avoir fait confiance à un maçon autoproclamé :
« J'arrivais même plus à l'engueuler tellement
c'était gros, niveau connerie.
J'étais à deux doigts de lui payer une école...
Puis je me suis ressaisi et je l'ai viré. »

IMPRÉSARIO

Stéphane, faussement admiratif face à
un imbroglio de tuyaux sous une chaudière :
« Faut retrouver la carte de votre plombier,
il a clairement quelque chose à faire
dans l'art contemporain. »

INCROYABLE TALENT

Stéphane, taquin, à un propriétaire bricoleur ravi de ses travaux faits maison :

COUVREUR PAS COUVERT

Un vaillant septuagénaire souhaite réparer
une petite partie de la toiture de sa maison
avec l'aide de Stéphane :
« Faudrait que tu m'assures d'en bas.
– Guy, j'suis pas sûr que tu saches à qui tu as affaire.
Pense à tes petits-enfants. »

PAS DANS LE DEVIS

Un jeune couple de propriétaires ayant rénové
leur appartement avec des amis :
« Les potes, c'est pratique, mais faut faire gaffe
au budget chips-alcool qui peut vite déraper
et nuire à la qualité des travaux. »

CHEMIN DE CROIX

Un propriétaire se remémore avec Stéphane
la construction cauchemardesque de sa maison :
« Crois-moi, Stéphane, quand tu commences
à mieux connaître le numéro de téléphone
de ton entrepreneur que celui de ta femme,
c'est qu'il y a un problème ! »

CHEF-D'ŒUVRE

Stéphane, subjugué par un escalier en fer forgé,
demande au propriétaire des informations
sur l'artisan l'ayant réalisé :
« Disons que c'est un mec qui a besoin d'horaires souples
et d'une certaine dose d'alcool
pour exprimer son génie. Mais quand il est lancé…
attention, c'est grandiose ! »

PRESSENTIMENT

Sophie Ferjani, catégorique avec Stéphane sur un tournage :
« Non, tu ne touches pas à la tronçonneuse ! »
Depuis, l'animateur s'est vengé puisqu'il en utilise une à chaque représentation de son dernier spectacle. Un conseil : si vous allez le voir, évitez le premier rang...

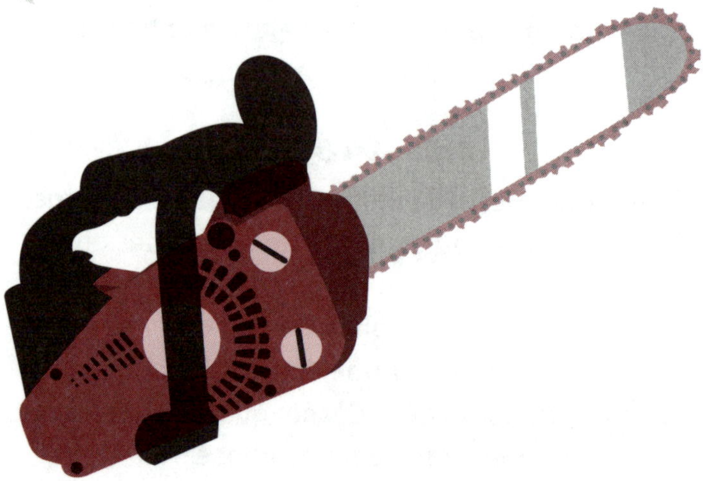

AUX ABRIS !

Stéphane sur un chantier, c'est comme le lait sur le feu, et le directeur des travaux de « Maison à vendre » en sait quelque chose. En puisant dans ses souvenirs, nombre de réparations et de nettoyages dus au gaffeur en chef lui reviennent à l'esprit. Petit florilège de bourdes *made in* Stéphane Plaza :

- **Stéphane le précautionneux qui manipula jusqu'à la briser une paroi de verre Securit d'une cabine de douche.**

- **Stéphane le concentré qui se lava tranquillement les mains au-dessus d'un lavabo sans siphon et provoqua un dégât des eaux.**

- **Stéphane œil d'aigle qui mania le pistolet à peinture façon John Wayne mais rata bien évidemment sa cible.**

- **Stéphane doigts de fée et ses pâtés d'enduit qui se retrouvèrent plus au sol que sur le mur à rénover.**

- **Stéphane le délicat qui se trompa de cloison à abattre et fit le vide pile où il ne fallait pas.**

VISITE

Le marathon des visites impose une bonne condition physique! Il faut arpenter des kilomètres d'escaliers et de couloirs pour trouver son nouveau chez-soi. On a rarement la chance de tomber sur la perle rare dès la première halte. Désespérantes ou inoubliables, les visites en compagnie de Stéphane Plaza ont au moins le mérite d'être cocasses!

LA CLASSE INTERNATIONALE

Un mari, achetant un studio pour sa maîtresse et faisant une contre-visite avec sa femme, prévient discrètement Stéphane : « J'vous rappelle qu'officiellement, c'est un investissement pour louer et que je ne connais pas la locataire... »

VISITE COQUINE

Un amateur de parties fines fait une proposition à Stéphane :

— Voulez-vous visiter le trois pièces de ma femme ?

— Désolé, répond-il par une pirouette, je n'aime que les lofts !

TRUFFE AUX AGUETS

Une cliente avec son chien yorkshire ne sachant que faire après une visite : « Moi, j'adore, mais Georges semble mitigé. Du coup, j'hésite. »

À LA BAGUETTE

Un acheteur introverti visite en compagnie de sa mère et Stéphane un deux pièces. Réaction plutôt positive du jeune homme, immédiatement refroidi par sa mère : « Je ne finance rien, mais il est incapable de faire les bons choix. Ça fait 37 ans que ça dure. Donc, cet appart, j'vous l'dis de suite, Stéphane, c'est niet. On y va. »

PERFECTIONNISTE

Un client décidé à acheter après la visite
d'un appartement entièrement rénové :
« C'est bien mais j'vais refaire à neuf. »

ALLUMEUR

Un client, impatient de découvrir un appartement,
plaisante sur le palier en compagnie de Stéphane :
« Allez, ouvre la porte, chéri !
– C'est 200 euros quand même, j'te préviens !...
Sauf que c'est pas la bonne clé... »

ARLEQUIN

Une cliente en visite avec Stéphane découvre
un trois pièces appartenant à une Irlandaise.
Chaque pièce est peinte d'une couleur criarde :
« Ça doit être culturel, rapport au manque de soleil là-bas...
Ou peut-être pour se rappeler les arcs-en-ciel
entre chaque pluie... »

FAUX DÉPART

Un client avec un Stéphane impatient
et prêt à foncer vers une nouvelle visite :
« Stéphane, tu fais comme
tu le sens, mais t'as encore
le cadenas attaché au scooter !... »

COMMERCES DE PROXIMITÉ

Après la visite d'un appartement avec Cathy, une joueuse de poker dans le quartier de Pigalle, Stéphane en scooter fait découvrir le quartier à sa cliente :

SOS DÉTRESSE AMITIÉ

Pour Stéphane Plaza, qui dit popularité dit aimant à personnalités plus ou moins équilibrées. heureusement que le contact téléphonique permet de faire le tri parmi les « clients » :

LE TROLL *(du nom des gens qui viennent polluer par des insultes les fils de discussion en tout genre sur les médias sociaux)*

Stéphane, au téléphone avec un faux client qui visite des appartements juste pour cracher son venin et calmer son ennui : « J'vous ai reconnu, j'ai assez perdu de temps avec vous... Comment ?... Non, ça ne m'intéresse pas non plus de vous missionner pour "emmerder la concurrence" ! »

GROUPIE

Un collaborateur de Stéphane au téléphone dans une agence Plaza Immobilier : « Pour la troisième fois, madame, je vous le confirme, j'ai bien noté votre numéro et votre souhait de ne visiter les appartements QU'AVEC Stéphane Plaza, mais ça ne marche pas comme ça... Non, vos mensurations ou vos photos n'y changeront rien. »

ROI DU PÉTROLE

Stéphane, au téléphone avec un client soi-disant riche comme Crésus : « C'est pas que je doute de votre envie de m'acheter six appartements d'un coup, mais pour un milliardaire vivant à Dubaï, vous avez quand un même un drôle d'accent alsacien. Sans parler du 03 s'affichant au début de votre numéro de téléphone... »

UNE ÉQUIPE SOUDÉE

Stéphane se fait enguirlander par son réalisateur lors d'une visite sur le tournage de « Recherche appartement » :

« Non, vas-y, c'est parfait, remets ton écharpe sur le micro ! Il est vraiment con comme une malle…

– Des fois, je crois que vous oubliez que je suis l'animateur préféré des Français. Un peu de respect serait de bon augure ! »

> *« Le voisin est un animal nuisible assez proche de l'homme. »*
>
> Pierre Desproges

VOISINS

Le voisin, qu'il soit au-dessus, en dessous ou à côté de chez nous, c'est toujours trop près. Surtout lorsqu'il vient troubler nos nuits, interrompre notre soirée ou mettre en péril une transaction immobilière. Ce n'est pas évident de trouver l'équilibre entre notre confort de vie, celui de nos voisins et l'architecture permettant de faire cohabiter tout ce petit monde. Stéphane Plaza le sait bien, il faut une bonne dose de solidarité, de tolérance et de bonne humeur pour que cela fonctionne.

PÉRIMÈTRE DE SÉCURITÉ

Un voisin, tout heureux d'acquérir l'appartement
mis en vente par Stéphane Plaza se trouvant à côté du sien :
« Je vais louer à des sourds et muets.
Vous n'auriez pas ça dans votre fichier clients ? »

MAISON DU BONHEUR

Stéphane découvre une maison divisée en plusieurs
appartements d'étudiant où tout le monde
met en commun ses ustensiles de cuisine :
« Et la mutualisation s'arrête à l'électroménager
ou ça concerne aussi les amours ? »

L'INCOMPRIS

Un propriétaire bon vivant et amateur
de fiestas, en compagnie de Stéphane :
« À chaque fois que j'ambiance la résidence,
y en a pas un qui se pointe pour boire un verre.
Toujours la police ! Alors la fête des Voisins, tu parles !
Sans moi ! J'préfère trinquer avec les condés. »

PORTES OUVERTES

Constat d'un propriétaire durant le tournage
chez lui de « Maison à vendre » :
« C'est fou comme ça circule
quand y a Plaza et des caméras !
Y a des voisins que je n'avais jamais vus
en quinze ans ! »

SUR UN PLATEAU

Après une visite infructueuse, Stéphane Plaza
se trouve dans la rue en compagnie de Perrine et de son frère
quand un voisin habitant quatre étages au-dessus
les harangue de son balcon :
« Oh, Plaza, tu cherches un truc ?! Vas-y, monte ! »
Et c'est le propriétaire surprise qui remporta la mise.

ANTISOCIAL

Un client de Stéphane, ravi d'apprendre que la résidence qu'ils vont visiter est plutôt « froide » niveau voisinage : « Tant mieux, je déteste les invitations et les gestes forcés. Pourtant, j'suis un mec cool, hein ? »

PUBLICITÉ MENSONGÈRE

Stéphane, nez au plafond, chez un propriétaire souhaitant vendre, écoute en direct et en stéréo les exploits du voisin du dessus aux toilettes : « On va rayer la mention "calme" dans le descriptif de l'appartement. Et ton voisin, faudrait qu'il arrête la bière. Ou alors en dehors des horaires de visite. »

LA CITÉ DES FEMMES

Un client, en compagnie d'un Stéphane totalement subjugué par plusieurs très belles femmes qu'il croise dans la cage d'escalier :

MAUVAIS NUMÉRO

Stéphane pensant avoir trouvé, grâce à un confrère,
la perle rare pour un couple de jeunes parents :
« Apparemment, c'est une résidence faite pour vous,
avec un voisinage vivant, de la convivialité et…
J'ai dû mal noter l'adresse… »
Stéphane et ses clients se retrouvent nez à nez
avec un écriteau dans le hall de l'immeuble :
« Ici, nous n'acceptons aucun bruit,
résidence personnes âgées.
Enfants et/ou animaux bien tenus exigés. »

VIS-À-VIS, VUES ET ORIENTATIONS

Il faut bien avouer que rien n'est plus agréable qu'un appartement ou une maison avec une bonne orientation et un vis-à-vis discret, voire inexistant. En ville, on fait comme on peut, et certains considèrent qu'un immeuble situé en face de chez soi à plus de 3 mètres dispose d'une vue dégagée. Pour d'autres, sans perspective vers l'horizon, point de salut! Heureusement pour Stéphane, pas encore spécialisé dans les ranches de l'Ouest américain, ces clients sont encore plutôt rares.

NATURISME

Stéphane, euphorique en compagnie d'une cliente, parle de l'absence de vis-à-vis d'un appartement : « Alors, ici, c'est simple, du matin au soir, tu peux tout faire à poil ! D'ailleurs, on va continuer la visite comme ça ! » Bien essayé, Stéphane...

VITAMINE D

Un client de Stéphane, désespéré de vivre dans une ancienne loge très sombre : « J'comprends mieux pourquoi les gardiennes sont toujours collées à la fenêtre. À l'intérieur, c'est lumineux deux-trois heures par jour grand max. Faut bien combler le manque. »

LONGUE-VUE

Stéphane, plus que sceptique sur le descriptif flatteur d'un bien donné par son propriétaire : « La vue sur l'antenne de la tour Eiffel, au loin, derrière la cité, c'est pas ce que j'appelle une “vue patrimoniale”... »

TEMPS MODERNES

« Et voici le salon ! C'est pratique, on voit la ville par toutes les fenêtres.
– La zone industrielle serait plus appropriée. C'est quoi le truc qui ressemble à un stade, là-bas ?
– La déchetterie. Elle est belle, hein ? »

RIP

Stéphane, admirant la vue d'un appartement qu'il visite avec des acquéreurs :
« On donne sur le Père-Lachaise. Un vrai p'tit Central Park. Les tombes et les satanistes en plus. »

OUVREZ LES CHAKRAS

Stéphane, dans le salon d'un client vivant dans une tour, subjugué par le spectacle d'un coucher de soleil :
« J'ai envie de yoga. Ça vous fait ça, vous aussi ? »

UNE PINCÉE DE SEL

Stéphane, avec une acquéreuse préférant rire de la promiscuité entre la fenêtre de la cuisine et celle de l'appartement d'en face :

PREMIER ROUND

Un client, penché à la fenêtre de son salon, à Stéphane :
« Le bar en bas, c'est un repère de poivrots
avec bastons fréquentes. Quand y a rien à la télé,
c'est un bon substitut. »

VOYEUR

Un vieux garçon présente à Stéphane son appartement
et notamment la vue de son salon :
« Moi qui suis fan de Hitchcock, c'est un vrai régal ce vis-à-vis.
– Fais gaffe, t'es un peu flippant quand tu dis ça. »

MIRAGE

Stéphane visitant un pavillon mitoyen :
« Et la vue sur le jardin… ?
– On l'a bouchée avec des pierres. Un litige avec le voisin.
– C'est dommage d'avoir mis uniquement
des photos du jardin sur votre annonce… »

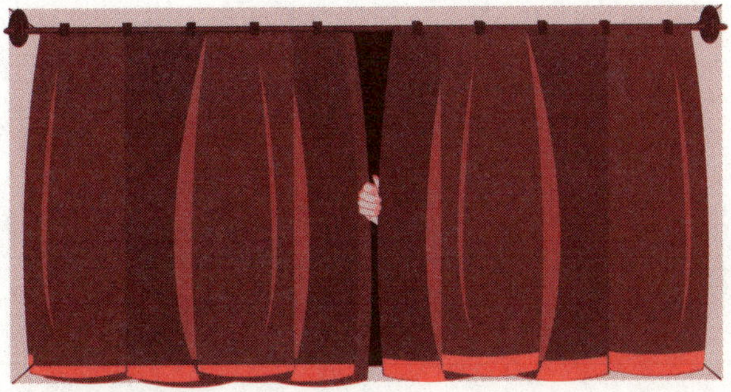

- Attention Stéphane, il y a
un trou avant l'escalier.
- Un trou, c'est-à-dire ?
- Un trou, il faut sauter
par-dessus.
C'est un coup à prendre.

Stéphane…
ce que ses proches en disent

« Le Plaza style c'est un langage inimitable, enfin presque… C'est aussi une maladresse sans borne, des yeux ronds et une tête rentrée dans les épaules quand il parle d'immobilier. »

Jean Dujardin, acteur

« À ses débuts, il était un peu gauche mais très vite tu sentais qu'il y avait un potentiel de dingue. Il a une aisance, un truc assez naturel, un je-m'en-foutisme général de sa propre image et de l'effet de la caméra. »

Stéphane Trichard, réalisateur, qui depuis ses débuts est LE réalisateur fétiche de Stéphane, dix ans de vie commune… presque un vieux couple !

« Stéphane Plaza est un extra-terrestre de la télévision, faut le dire, au niveau des animateurs, c'est un des animateurs les plus agréables avec qui travailler, des plus généreux, des plus à l'écoute. »

Grégory Widhoff, ingénieur du son et pilote de drones

« C'est un Pierre Richard des temps modernes. »

Thierry Garcia, imitateur de Stéphane Plaza aux «Guignols de l'info»

« Il faudrait presque une prime de risque. »

Julia Alibaux, réalisatrice

« Il envoie tout balader, à commencer par ses fringues. Stéphane, le Chippendale de M6 ! »

Arnaud Gidoin, comédien

« Ses maladresses sont répétitives et incessantes et en même temps, c'est ce qui fait aussi son charme. »

Virginie Chapuis-Bioret, réalisatrice

« Stéphane, c'est un gros déconneur, c'est le pote qu'on a tous envie d'avoir. Il s'en fout de son apparence, ce n'est pas quelqu'un qui se met au régime, il s'en fout de sa façon de s'habiller, quand on tourne ensemble, c'est moi qui choisis ses vêtements, il s'en fout ! »

Karine Le Marchand, animatrice M6, sa meilleure amie

« En fait, les pires boulettes sont souvent hors caméra. Souvent, les gens me disent : " Stéphane, il est aussi maladroit que ça dans la vie ? Il ne surjoue pas un peu ? " Et je leur réponds : " Non, les gens ne se rendent pas compte… c'est vraiment lui. " »

Sophie Ferjani, décoratrice

« Faut avouer que c'est vraiment du naturel, il n'en rajoute pas, tout lui échappe des mains, tout se pète, c'est comme ça avec lui. Au dernier tournage, par exemple, il a réussi à perdre son manteau alors qu'on est quand même en hiver. Il me rappelle le soir et me dit : "Oh, j'ai oublié mon manteau" et je lui réponds : "Et tu t'en aperçois que le soir ?" »

Rémy Papin, régisseur

« Il y a de quoi faire des kilomètres de bêtisier avec Stéphane Plaza ! »

Cédric Terrasson, cadreur

« Stéphane est un fin psychologue. Grâce à son humour, il désamorce les situations les plus délicates... Il peut tout dire, ça passe toujours. La fraîcheur du paf, un vrai gentil ! »

Cyril Hanouna, animateur de télévision

« Avec Stéphane, on peut rire de tout tant que cela ne parle pas d'immobilier. »

Pascale Albertini, productrice

La langue de l'immobilier
... *interprétée par Stéphane*

Le Plaza style c'est un langage inimitable,

une maladresse sans bornes

alliés à une connaissance parfaite de l'immobilier.

Coquette studette

Mini-appartement où vit une jolie étudiante en chaussettes.

Très ensoleillé

Un angle de l'appart exposé plein sud.

Kitchenette

Cuisine format « caravane » ou « bateau » où l'on peut tout attraper à bout de bras…

Bien atypique

Appartement de petite taille en triplex ou souplex avec un salon traversé par un escalier tortueux et de multiples niveaux où se prendre les pieds dans le tapis !

Bien fonctionnel

Appartement où l'on peut utiliser toutes les pièces sans bouger de son canapé.

Salle d'eau-W.-C.

Le pratique deux-en-un… brossage de dents et pipi en même temps !

W.-C. indépendant

Généralement W.-C. à la turque sur le palier : prévoir un slip en laine et des bottes en caoutchouc.

Idéal jeune couple

Appartement riquiqui où seuls peuvent survivre les jeunes couples très, très amoureux.

Idéal investisseur

Bien de toute petite superficie n'ayant aucun intérêt.

Bien évolutif

Cloisons à abattre !

Énorme potentiel

Une ruine !

Dans son jus

Tout est à refaire pour le meilleur et pour le pire.

Calme

Immeuble de rêve pour la retraite.

Beaucoup de cachet

Appartement un peu désuet... pour dépressifs.

Prévoir rafraîchissement

Appartement entièrement moquetté avec papier peint à fleurs au plafond.

Jardinet

Mini-parcelle incluant kit pour faire pousser des jacinthes.

Balconnet

Possibilité de mettre un pied dehors.

Remerciements

Stéphane Plaza et toute l'équipe éditoriale remercient très chaleureusement Jean-Luc Delarue, Catherine Lombard, Julie Lemaire, Roza Dudayeva, Laetitia Therm, Pascale Albertini, Karine Le Marchand, Dov Alimi, Sophie Ferjani, Emmanuelle Rivassoux, Ronan Lebas, Romain Poli, Jean-Michel Faretra, Max Leonidas, et toutes les équipes de Réservoir Prod et de Studio 89.

Nous remercions également les agences de Stéphane Plaza et toutes les personnes qui ont collaboré à ce livre, par leurs histoires et leurs rires !

Achevé d'imprimer en octobre 2016
par Normandie Roto Impression s. a. s. , 61250 Lonrai (France)
N° d'édition : 641292
N° d'impression : 1602780
ISBN : 978-2-7491-5297-4
Dépôt légal : novembre 2016
Première édition

MIXTE
Papier issu de sources responsables
FSC® C003309

Les papiers utilisés dans cet ouvrage sont issus de forêts responsablement gérées